Mein
KONSUMTAGEBUCH

EIN GANZES JAHR
BEWUSST KONSUMIEREN

Fangen wir gleich an....

Was ist nachhaltiger, bewusster Konsum? Wie genau wird man „konsumbewusst"? Für diese Fragen gibt dieses Tagebuch weniger Antworten, regt aber zum nachdenken an - wie ist mein Konsum? Welche Entscheidungen treffe ich, während ich etwas konsumiere? Gibt es da etwas, was ich ändern möchte/könnte/sollte?

Dieses Tagebuch ist dafür da. Alles zu dokumentieren hilft das Chaos zu organisieren - oder vielleicht auch zu merken, dass es gar kein Chaos gibt, nur etwas, was man ändern möchte. Ein ganzes Jahr (oder auch kürzer) auf das eigene Konsumverhalten zu achten klingt anspruchsvoll, lohnt sich aber schon nach einen Monat.

Die Gründe können vielfältig sein, das Ziel bleibt aber trotzdem dasselbe. Wenn da etwas zu ändern ist, dann hilft dieses Tagebuch auf dem Weg dorthin. Zuerst kannst du dir einen groben Überblick verschaffen was in deinen Schränken los ist - was hat sich da alles in den letzten Zeiten angesammelt? Brauchst du das, oder würdest du mit weniger Dingen genau so glücklich sein?

Danach geht es um das wesentliche. 52 Wochen Platz um alles schriftlich festzuhalten (absichtlich ohne feste Daten, um immer anfangen zu können oder vielleicht auch mal Pause zu machen). Nach jeden Monat gibt es einen 4-Wochen-Rückblick, wo du nochmal alles eintragen kannst und so auf dem Laufendem bleibst. Einige Fragen sollten dich bei deiner Entwicklung unterstützen: so kannst du dein Konsumverhalten und deine bewussten Kaufentscheidungen vergleichen und beobachten.

„Der Schlüssel dazu, sich eines glücklichen und erfüllten Lebens erfreuen zu können, ist der Bewusstseinszustand.
Das ist das Wesentliche. "
- Dalai Lama -

Kleiderschrank

WIE VIELE KLEIDUNGSSTÜCKE GLAUBE ICH ZU BESITZEN? ....

WIE VIELE SIND ES TATSÄCHLICH? ....

WIE VIELE KANN ICH SPENDEN/VERSCHENKEN? ....

Küche

WIE VIELE UNNÖTIGE SACHEN GIBT ES IN MEINEM KÜHLSCHRANK?
ICH GLAUBE: ....   TATSÄCHLICH: ....

WIE VIELE UNNÖTIGE SACHEN GIBT ES IN MEINEM VORRATSSCHRANK?
ICH GLAUBE: ....   TATSÄCHLICH: ....

Badezimmer

WIE VIELE KOSMETIKA USW. GLAUBE ICH ZU BESITZEN? ....

WIE VIELE SIND ES TATSÄCHLICH? ....

WIE VIELE KANN ICH WEGSCHMEIßEN/VERSCHENKEN? ....

Anderes

WIE VIELE SACHEN, DIE ICH NICHT BRAUCHE, LIEGEN IM VORZIMMER ODER
IN ANDEREN SCHRÄNKEN?
ICH GLAUBE: ....   TATSÄCHLICH: ....
WIE VIELE KANN ICH WEGSCHMEIßEN/VERSCHENKEN? ....

....

....

....

....

4-Wochen-Rückblick

	KOSMETIK	ESSEN	KLEIDUNGEN	FREIZEIT	SONSTIGES
1	13,52	33,12	119,78	—	—
2	9,57	64,76	—	134,21	—
3	89,59	44,10	58,99	—	—
4	—	56,89	34,98	9,64	38,38
INS-GESAMT	112,68	198,87	213,75	143,85	38,38

ALLES ZUSAMMEN: 707,53

ZIEL FÜR DEN NÄCHSTEN MONAT: 500

ABSOLUT WICHTIG: Bio-Shampoo !

NICHT SO WICHTIG: neue Yogahose...

HÄTTE ICH OHNE AUCH GESCHAFFT: Coffee to go am Montag

	IMMER	OFT	MANCHMAL	SELTEN	NIE
FÜR GUTE QUALITÄT WAR ICH BEREIT MEHR ZU ZAHLEN	◯	☒	◯	◯	◯
ICH ACHTETE DARAUF, DASS DIE PRODUKTE AUS FAIREM HANDEL (FAIR TRADE) STAMMEN	◯	☒	◯	◯	◯
BEI NAHRUNGSMITTELN LEGTE ICH WERT AUF PRODUKTE AUS ÖKOLOGISCHEM ANBAU (BIO-PRO-DUKTE)	◯	◯	☒	◯	◯
ICH WAR BEREIT, FÜR UMWELT-FREUNDLICHE PRODUKTE MEHR ZU ZAHLEN	◯	☒	◯	◯	◯
ICH ACHTETE BEIM KAUF VON PRODUKTEN AUF IHRE LANGLE-BIGKEIT, ALSO DASS ICH SIE MÖG-LICHST LANGE NUTZEN KANN	◯	◯	☒	◯	◯

Notizen

Umstellung von Einweg- zu Mehrwegrasierer

Mehrwegbecher to go

Ich wollte eigentlich auch noch eine neue Winterjacke kaufen – hab doch geschafft es nicht zu tun!

Woche 1:

MONTAG

DIENSTAG

MITTWOCH

DONNERSTAG

Extra :

FREITAG

....

....

....

....

SAMSTAG UND SONNTAG

....

....

....

....

....

....

....

Insgesamt

ESSEN	KOSMETIK	KLEIDUNGEN	FREIZEIT	SONSTIGES
....	....	....	....	....

ALLES ZUSAMMEN .... €

Habe ich etwas gekauft, was ich eigentlich nicht brauche?

....

....

....

Woche 2:

MONTAG

DIENSTAG

MITTWOCH

DONNERSTAG

Extra :

FREITAG

....

....

....

....

SAMSTAG UND SONNTAG

....

....

....

....

....

....

....

Insgesamt

ESSEN	KOSMETIK	KLEIDUNGEN	FREIZEIT	SONSTIGES
....	....	....	....	....

ALLES ZUSAMMEN .... €

Habe ich etwas gekauft, was ich eigentlich nicht brauche?

....

....

....

Woche 3:

MONTAG

DIENSTAG

MITTWOCH

DONNERSTAG

Extra:

FREITAG

....

....

....

....

SAMSTAG UND SONNTAG

....

....

....

....

....

....

....

Insgesamt

ESSEN	KOSMETIK	KLEIDUNGEN	FREIZEIT	SONSTIGES
....	....	....	....	....

ALLES ZUSAMMEN .... €

Habe ich etwas gekauft, was ich eigentlich nicht brauche?

....

....

....

Woche 4:

MONTAG

DIENSTAG

MITTWOCH

DONNERSTAG

Extra:

FREITAG

....

....

....

....

SAMSTAG UND SONNTAG

....

....

....

....

....

....

....

Insgesamt

ESSEN	KOSMETIK	KLEIDUNGEN	FREIZEIT	SONSTIGES
....	....	....	....	....

ALLES ZUSAMMEN .... €

Habe ich etwas gekauft, was ich eigentlich nicht brauche?

....

....

....

4-Wochen-Rückblick

	KOSMETIK	ESSEN	KLEIDUNGEN	FREIZEIT	SONSTIGES
1					
2					
3					
4					
INSGESAMT					

ALLES ZUSAMMEN: ....

ZIEL FÜR DEN NÄCHSTEN MONAT: ....

ABSOLUT WICHTIG: ....

....

NICHT SO WICHTIG: ....

....

HÄTTE ICH OHNE AUCH GESCHAFFT: ....

....

	IMMER	OFT	MANCHMAL	SELTEN	NIE
FÜR GUTE QUALITÄT WAR ICH BEREIT MEHR ZU ZAHLEN	○	○	○	○	○
ICH ACHTETE DARAUF, DASS DIE PRODUKTE AUS FAIREM HANDEL (FAIR TRADE) STAMMEN	○	○	○	○	○
BEI NAHRUNGSMITTELN LEGTE ICH WERT AUF PRODUKTE AUS ÖKOLOGISCHEM ANBAU (BIO-PRODUKTE)	○	○	○	○	○
ICH WAR BEREIT, FÜR UMWELTFREUNDLICHE PRODUKTE MEHR ZU ZAHLEN	○	○	○	○	○
ICH ACHTETE BEIM KAUF VON PRODUKTEN AUF IHRE LANGLEBIGKEIT, ALSO DASS ICH SIE MÖGLICHST LANGE NUTZEN KANN	○	○	○	○	○

Notizen

....

....

....

....

....

....

....

....

Woche 5:

MONTAG

DIENSTAG

MITTWOCH

DONNERSTAG

Extra:

FREITAG

....
....
....
....

SAMSTAG UND SONNTAG

....
....
....
....
....
....
....

Insgesamt

ESSEN   KOSMETIK   KLEIDUNGEN   FREIZEIT   SONSTIGES

....

ALLES ZUSAMMEN .... €

Habe ich etwas gekauft, was ich eigentlich nicht brauche?

....
....
....

Woche 6:

MONTAG

DIENSTAG

MITTWOCH

DONNERSTAG

Extra:

FREITAG

....

....

....

....

SAMSTAG UND SONNTAG

....

....

....

....

....

....

....

....

Insgesamt

ESSEN	KOSMETIK	KLEIDUNGEN	FREIZEIT	SONSTIGES
....	....	....	....	....

ALLES ZUSAMMEN .... €

Habe ich etwas gekauft, was ich eigentlich nicht brauche?

....

....

....

Woche 7: ....

MONTAG

....

....

....

....

DIENSTAG

....

....

....

....

MITTWOCH

....

....

....

....

DONNERSTAG

....

....

....

Extra: ....

FREITAG

....

....

....

....

SAMSTAG UND SONNTAG

....

....

....

....

....

....

Insgesamt

ESSEN	KOSMETIK	KLEIDUNGEN	FREIZEIT	SONSTIGES
....	....	....	....	....

ALLES ZUSAMMEN .... €

Habe ich etwas gekauft, was ich eigentlich nicht brauche?

....

....

....

Woche 8:

MONTAG

DIENSTAG

MITTWOCH

DONNERSTAG

Extra:

FREITAG

....

....

....

....

SAMSTAG UND SONNTAG

....

....

....

....

....

....

....

....

Insgesamt

ESSEN	KOSMETIK	KLEIDUNGEN	FREIZEIT	SONSTIGES
....	....	....	....	....

ALLES ZUSAMMEN .... €

Habe ich etwas gekauft, was ich eigentlich nicht brauche?

....

....

....

4-Wochen-Rückblick

	KOSMETIK	ESSEN	KLEIDUNGEN	FREIZEIT	SONSTIGES
1					
2					
3					
4					
INS-GESAMT					

ALLES ZUSAMMEN: ....

ZIEL FÜR DEN NÄCHSTEN MONAT: ....

ABSOLUT WICHTIG:
....

NICHT SO WICHTIG:
....

HÄTTE ICH OHNE AUCH GESCHAFFT:
....

....

	IMMER	OFT	MANCHMAL	SELTEN	NIE
FÜR GUTE QUALITÄT WAR ICH BEREIT MEHR ZU ZAHLEN	O	O	O	O	O
ICH ACHTETE DARAUF, DASS DIE PRODUKTE AUS FAIREM HANDEL (FAIR TRADE) STAMMEN	O	O	O	O	O
BEI NAHRUNGSMITTELN LEGTE ICH WERT AUF PRODUKTE AUS ÖKOLOGISCHEM ANBAU (BIO-PRO-DUKTE)	O	O	O	O	O
ICH WAR BEREIT, FÜR UMWELT-FREUNDLICHE PRODUKTE MEHR ZU ZAHLEN	O	O	O	O	O
ICH ACHTETE BEIM KAUF VON PRODUKTEN AUF IHRE LANGLE-BIGKEIT, ALSO DASS ICH SIE MÖG-LICHST LANGE NUTZEN KANN	O	O	O	O	O

Notizen

....
....
....
....
....
....
....
....
....

Woche 9:

MONTAG

DIENSTAG

MITTWOCH

DONNERSTAG

Extra:

FREITAG

....

....

....

....

SAMSTAG UND SONNTAG

....

....

....

....

....

....

....

Insgesamt

ESSEN	KOSMETIK	KLEIDUNG	FREIZEIT	SONSTIGES
....	....	....	....	....

ALLES ZUSAMMEN .... €

Habe ich etwas gekauft, was ich eigentlich nicht brauche?

....

....

....

Woche 10:

MONTAG

DIENSTAG

MITTWOCH

DONNERSTAG

Extra :

FREITAG

....

....

....

....

SAMSTAG UND SONNTAG

....

....

....

....

....

....

....

Insgesamt

ESSEN   KOSMETIK   KLEIDUNGEN   FREIZEIT   SONSTIGES

....

ALLES ZUSAMMEN .... €

Habe ich etwas gekauft, was ich eigentlich nicht brauche?

....

....

....

Woche 11:

MONTAG

DIENSTAG

MITTWOCH

DONNERSTAG

Extra:

FREITAG

....

....

....

....

SAMSTAG UND SONNTAG

....

....

....

....

....

....

....

Insgesamt

ESSEN	KOSMETIK	KLEIDUNGEN	FREIZEIT	SONSTIGES
....	....	....	....	....

ALLES ZUSAMMEN .... €

Habe ich etwas gekauft, was ich eigentlich nicht brauche?

....

....

....

Woche 12:

MONTAG

DIENSTAG

MITTWOCH

DONNERSTAG

Extra :

FREITAG

....

....

....

....

SAMSTAG UND SONNTAG

....

....

....

....

....

....

....

Insgesamt

ESSEN	KOSMETIK	KLEIDUNGEN	FREIZEIT	SONSTIGES
....	....	....	....	....

ALLES ZUSAMMEN .... €

Habe ich etwas gekauft, was ich eigentlich nicht brauche?

....

....

....

4-Wochen-Rückblick

	KOSMETIK	ESSEN	KLEIDUNGEN	FREIZEIT	SONSTIGES
1					
2					
3					
4					
INS-GESAMT					

ALLES ZUSAMMEN: ....

ZIEL FÜR DEN NÄCHSTEN MONAT: ....

ABSOLUT WICHTIG:
....

....

NICHT SO WICHTIG:
....

....

HÄTTE ICH OHNE AUCH GESCHAFFT:
....

....

	IMMER	OFT	MANCHMAL	SELTEN	NIE
FÜR GUTE QUALITÄT WAR ICH BEREIT MEHR ZU ZAHLEN	○	○	○	○	○
ICH ACHTETE DARAUF, DASS DIE PRODUKTE AUS FAIREM HANDEL (FAIR TRADE) STAMMEN	○	○	○	○	○
BEI NAHRUNGSMITTELN LEGTE ICH WERT AUF PRODUKTE AUS ÖKOLOGISCHEM ANBAU (BIO-PRO-DUKTE)	○	○	○	○	○
ICH WAR BEREIT, FÜR UMWELT-FREUNDLICHE PRODUKTE MEHR ZU ZAHLEN	○	○	○	○	○
ICH ACHTETE BEIM KAUF VON PRODUKTEN AUF IHRE LANGLE-BIGKEIT, ALSO DASS ICH SIE MÖG-LICHST LANGE NUTZEN KANN	○	○	○	○	○

Notizen

....

....

....

....

....

....

....

....

Woche 13:

MONTAG

DIENSTAG

MITTWOCH

DONNERSTAG

Extra:

FREITAG

.... | ....
.... | ....
.... | ....
.... | ....

SAMSTAG UND SONNTAG

.... | ....
.... | ....
.... | ....
.... | ....
.... | ....
.... | ....
.... | ....

Insgesamt

ESSEN	KOSMETIK	KLEIDUNGEN	FREIZEIT	SONSTIGES
....	....	....	....	....

ALLES ZUSAMMEN .... €

Habe ich etwas gekauft, was ich eigentlich nicht brauche?

....

....

....

Woche 14:

MONTAG

DIENSTAG

MITTWOCH

DONNERSTAG

Extra:

FREITAG

SAMSTAG UND SONNTAG

Insgesamt

ESSEN	KOSMETIK	KLEIDUNGEN	FREIZEIT	SONSTIGES

ALLES ZUSAMMEN .... €

Habe ich etwas gekauft, was ich eigentlich nicht brauche?

Woche 15:

MONTAG

DIENSTAG

MITTWOCH

DONNERSTAG

Extra:

FREITAG

....

....

....

....

SAMSTAG UND SONNTAG

....

....

....

....

....

....

....

Insgesamt

ESSEN	KOSMETIK	KLEIDUNGEN	FREIZEIT	SONSTIGES
....	....	....	....	....

ALLES ZUSAMMEN .... €

Habe ich etwas gekauft, was ich eigentlich nicht brauche?

....

....

....

Woche 16:

MONTAG

DIENSTAG

MITTWOCH

DONNERSTAG

Extra:

FREITAG

·································· ··································

·································· ··································

·································· ··································

·································· ··································

SAMSTAG UND SONNTAG

·································· ··································

·································· ··································

·································· ··································

·································· ··································

·································· ··································

·································· ··································

·································· ··································

Insgesamt

ESSEN   KOSMETIK   KLEIDUNGEN   FREIZEIT   SONSTIGES

··········   ··········   ··········   ··········   ··········

ALLES ZUSAMMEN   ·········· €

Habe ich etwas gekauft, was ich eigentlich nicht brauche?

··

··

··

4-Wochen-Rückblick

	KOSMETIK	ESSEN	KLEIDUNGEN	FREIZEIT	SONSTIGES
1					
2					
3					
4					
INS-GESAMT					

ALLES ZUSAMMEN: ....

ZIEL FÜR DEN NÄCHSTEN MONAT: ....

ABSOLUT WICHTIG: ....

....

NICHT SO WICHTIG: ....

....

HÄTTE ICH OHNE AUCH GESCHAFFT: ....

....

....

	IMMER	OFT	MANCHMAL	SELTEN	NIE
FÜR GUTE QUALITÄT WAR ICH BEREIT MEHR ZU ZAHLEN	○	○	○	○	○
ICH ACHTETE DARAUF, DASS DIE PRODUKTE AUS FAIREM HANDEL (FAIR TRADE) STAMMEN	○	○	○	○	○
BEI NAHRUNGSMITTELN LEGTE ICH WERT AUF PRODUKTE AUS ÖKOLOGISCHEM ANBAU (BIO-PRO-DUKTE)	○	○	○	○	○
ICH WAR BEREIT, FÜR UMWELT-FREUNDLICHE PRODUKTE MEHR ZU ZAHLEN	○	○	○	○	○
ICH ACHTETE BEIM KAUF VON PRODUKTEN AUF IHRE LANGLE-BIGKEIT, ALSO DASS ICH SIE MÖG-LICHST LANGE NUTZEN KANN	○	○	○	○	○

Notizen

....

....

....

....

....

....

....

....

Woche 17:

MONTAG

DIENSTAG

MITTWOCH

DONNERSTAG

Extra:

FREITAG

....

....

....

....

SAMSTAG UND SONNTAG

....

....

....

....

....

....

....

Insgesamt

ESSEN	KOSMETIK	KLEIDUNGEN	FREIZEIT	SONSTIGES
....	....	....	....	....

ALLES ZUSAMMEN .... €

Habe ich etwas gekauft, was ich eigentlich nicht brauche?

....

....

....

Woche 18:

MONTAG

DIENSTAG

MITTWOCH

DONNERSTAG

Extra:

FREITAG

....

....

....

....

SAMSTAG UND SONNTAG

....

....

....

....

....

....

....

Insgesamt

ESSEN	KOSMETIK	KLEIDUNGEN	FREIZEIT	SONSTIGES
....	....	....	....	....

ALLES ZUSAMMEN .... €

Habe ich etwas gekauft, was ich eigentlich nicht brauche?

....

....

....

Woche 19:

MONTAG

DIENSTAG

MITTWOCH

DONNERSTAG

Extra:

FREITAG

....

....

....

....

SAMSTAG UND SONNTAG

....

....

....

....

....

....

....

Insgesamt

ESSEN	KOSMETIK	KLEIDUNGEN	FREIZEIT	SONSTIGES
....	....	....	....	....

ALLES ZUSAMMEN .... €

Habe ich etwas gekauft, was ich eigentlich nicht brauche?

....

....

....

Woche 20:

MONTAG

DIENSTAG

MITTWOCH

DONNERSTAG

Extra:

FREITAG

....

....

....

....

SAMSTAG UND SONNTAG

....

....

....

....

....

....

....

Insgesamt

ESSEN   KOSMETIK   KLEIDUNGEN   FREIZEIT   SONSTIGES

....

ALLES ZUSAMMEN .... €

Habe ich etwas gekauft, was ich eigentlich nicht brauche?

....

....

....

4-Wochen-Rückblick

	KOSMETIK	ESSEN	KLEIDUNGEN	FREIZEIT	SONSTIGES
1					
2					
3					
4					
INS-GESAMT					

ALLES ZUSAMMEN: ....

ZIEL FÜR DEN NÄCHSTEN MONAT: ....

ABSOLUT WICHTIG:
....

NICHT SO WICHTIG:
....

HÄTTE ICH OHNE AUCH GESCHAFFT:
....
....

	IMMER	OFT	MANCHMAL	SELTEN	NIE
FÜR GUTE QUALITÄT WAR ICH BEREIT MEHR ZU ZAHLEN	○	○	○	○	○
ICH ACHTETE DARAUF, DASS DIE PRODUKTE AUS FAIREM HANDEL (FAIR TRADE) STAMMEN	○	○	○	○	○
BEI NAHRUNGSMITTELN LEGTE ICH WERT AUF PRODUKTE AUS ÖKOLOGISCHEM ANBAU (BIO-PRO-DUKTE)	○	○	○	○	○
ICH WAR BEREIT, FÜR UMWELT-FREUNDLICHE PRODUKTE MEHR ZU ZAHLEN	○	○	○	○	○
ICH ACHTETE BEIM KAUF VON PRODUKTEN AUF IHRE LANGLE-BIGKEIT, ALSO DASS ICH SIE MÖG-LICHST LANGE NUTZEN KANN	○	○	○	○	○

Notizen

....

....

....

....

....

....

....

....

Woche 21:

MONTAG

DIENSTAG

MITTWOCH

DONNERSTAG

Extra:

FREITAG

....

....

....

....

SAMSTAG UND SONNTAG

....

....

....

....

....

....

....

Insgesamt

ESSEN	KOSMETIK	KLEIDUNGEN	FREIZEIT	SONSTIGES
....	....	....	....	....

ALLES ZUSAMMEN .... €

Habe ich etwas gekauft, was ich eigentlich nicht brauche?

....

....

....

Woche 22:

MONTAG

DIENSTAG

MITTWOCH

DONNERSTAG

Extra:

FREITAG

....

....

....

....

SAMSTAG UND SONNTAG

....

....

....

....

....

....

....

Insgesamt

ESSEN	KOSMETIK	KLEIDUNGEN	FREIZEIT	SONSTIGES
....	....	....	....	....

ALLES ZUSAMMEN .... €

Habe ich etwas gekauft, was ich eigentlich nicht brauche?

....

....

....

Woche 23:

MONTAG

DIENSTAG

MITTWOCH

DONNERSTAG

Extra:

FREITAG

....

....

....

....

SAMSTAG UND SONNTAG

....

....

....

....

....

....

....

Insgesamt

ESSEN	KOSMETIK	KLEIDUNGEN	FREIZEIT	SONSTIGES
....	....	....	....	....

ALLES ZUSAMMEN .... €

Habe ich etwas gekauft, was ich eigentlich nicht brauche?

....

....

....

Woche 24:

MONTAG

DIENSTAG

MITTWOCH

DONNERSTAG

Extra:

FREITAG

.... | ....

.... | ....

.... | ....

.... | ....

SAMSTAG UND SONNTAG

.... | ....

.... | ....

.... | ....

.... | ....

.... | ....

.... | ....

.... | ....

Insgesamt

ESSEN | KOSMETIK | KLEIDUNGEN | FREIZEIT | SONSTIGES

.... | .... | .... | .... | ....

ALLES ZUSAMMEN .... €

Habe ich etwas gekauft, was ich eigentlich nicht brauche?

....

....

....

4-Wochen-Rückblick

	KOSMETIK	ESSEN	KLEIDUNGEN	FREIZEIT	SONSTIGES
1					
2					
3					
4					
INS-GESAMT					

ALLES ZUSAMMEN: ....

ZIEL FÜR DEN NÄCHSTEN MONAT: ....

ABSOLUT WICHTIG:
....

NICHT SO WICHTIG:
....

HÄTTE ICH OHNE AUCH GESCHAFFT:
....

....

	IMMER	OFT	MANCHMAL	SELTEN	NIE
FÜR GUTE QUALITÄT WAR ICH BEREIT MEHR ZU ZAHLEN	○	○	○	○	○
ICH ACHTETE DARAUF, DASS DIE PRODUKTE AUS FAIREM HANDEL (FAIR TRADE) STAMMEN	○	○	○	○	○
BEI NAHRUNGSMITTELN LEGTE ICH WERT AUF PRODUKTE AUS ÖKOLOGISCHEM ANBAU (BIO-PRO-DUKTE)	○	○	○	○	○
ICH WAR BEREIT, FÜR UMWELT-FREUNDLICHE PRODUKTE MEHR ZU ZAHLEN	○	○	○	○	○
ICH ACHTETE BEIM KAUF VON PRODUKTEN AUF IHRE LANGLE-BIGKEIT, ALSO DASS ICH SIE MÖG-LICHST LANGE NUTZEN KANN	○	○	○	○	○

Notizen

....
....
....
....
....
....
....
....

Woche 25:

MONTAG

DIENSTAG

MITTWOCH

DONNERSTAG

Extra:

FREITAG

....

....

....

....

SAMSTAG UND SONNTAG

....

....

....

....

....

....

....

Insgesamt

ESSEN   KOSMETIK   KLEIDUNGEN   FREIZEIT   SONSTIGES

....

ALLES ZUSAMMEN .... €

Habe ich etwas gekauft, was ich eigentlich nicht brauche?

....

....

....

Woche 26:

MONTAG

DIENSTAG

MITTWOCH

DONNERSTAG

Extra:

FREITAG

....

....

....

....

SAMSTAG UND SONNTAG

....

....

....

....

....

....

....

Insgesamt

ESSEN	KOSMETIK	KLEIDUNGEN	FREIZEIT	SONSTIGES
....	....	....	....	....

ALLES ZUSAMMEN .... €

Habe ich etwas gekauft, was ich eigentlich nicht brauche?

....

....

....

Woche 27:

MONTAG

DIENSTAG

MITTWOCH

DONNERSTAG

Extra:

FREITAG

....

....

....

....

SAMSTAG UND SONNTAG

....

....

....

....

....

....

....

Insgesamt

ESSEN	KOSMETIK	KLEIDUNGEN	FREIZEIT	SONSTIGES
....	....	....	....	....

ALLES ZUSAMMEN .... €

Habe ich etwas gekauft, was ich eigentlich nicht brauche?

....

....

....

Woche 28:

MONTAG

DIENSTAG

MITTWOCH

DONNERSTAG

Extra:

FREITAG

....

....

....

....

SAMSTAG UND SONNTAG

....

....

....

....

....

....

....

Insgesamt

ESSEN   KOSMETIK   KLEIDUNGEN   FREIZEIT   SONSTIGES

....

ALLES ZUSAMMEN .... €

Habe ich etwas gekauft, was ich eigentlich nicht brauche?

....

....

....

4-Wochen-Rückblick

	KOSMETIK	ESSEN	KLEIDUNGEN	FREIZEIT	SONSTIGES
1					
2					
3					
4					
INS-GESAMT					

ALLES ZUSAMMEN: ....

ZIEL FÜR DEN NÄCHSTEN MONAT: ....

ABSOLUT WICHTIG: ....

....

NICHT SO WICHTIG: ....

....

HÄTTE ICH OHNE AUCH GESCHAFFT: ....

....

....

	IMMER	OFT	MANCHMAL	SELTEN	NIE
FÜR GUTE QUALITÄT WAR ICH BEREIT MEHR ZU ZAHLEN	○	○	○	○	○
ICH ACHTETE DARAUF, DASS DIE PRODUKTE AUS FAIREM HANDEL (FAIR TRADE) STAMMEN	○	○	○	○	○
BEI NAHRUNGSMITTELN LEGTE ICH WERT AUF PRODUKTE AUS ÖKOLOGISCHEM ANBAU (BIO-PRO-DUKTE)	○	○	○	○	○
ICH WAR BEREIT, FÜR UMWELT-FREUNDLICHE PRODUKTE MEHR ZU ZAHLEN	○	○	○	○	○
ICH ACHTETE BEIM KAUF VON PRODUKTEN AUF IHRE LANGLE-BIGKEIT, ALSO DASS ICH SIE MÖG-LICHST LANGE NUTZEN KANN	○	○	○	○	○

Notizen

....

....

....

....

....

....

....

....

....

Woche 29:

MONTAG

DIENSTAG

MITTWOCH

DONNERSTAG

Extra:

FREITAG

....

....

....

....

SAMSTAG UND SONNTAG

....

....

....

....

....

....

Insgesamt

ESSEN	KOSMETIK	KLEIDUNGEN	FREIZEIT	SONSTIGES
....	....	....	....	....

ALLES ZUSAMMEN .... €

Habe ich etwas gekauft, was ich eigentlich nicht brauche?

....

....

....

Woche 30:

MONTAG

DIENSTAG

MITTWOCH

DONNERSTAG

Extra:

FREITAG

....

....

....

....

SAMSTAG UND SONNTAG

....

....

....

....

....

....

....

Insgesamt

ESSEN	KOSMETIK	KLEIDUNGEN	FREIZEIT	SONSTIGES
....	....	....	....	....

ALLES ZUSAMMEN .... €

Habe ich etwas gekauft, was ich eigentlich nicht brauche?

....

....

....

Woche 31:

MONTAG

DIENSTAG

MITTWOCH

DONNERSTAG

Extra:

FREITAG

....

....

....

....

SAMSTAG UND SONNTAG

....

....

....

....

....

....

....

Insgesamt

ESSEN	KOSMETIK	KLEIDUNGEN	FREIZEIT	SONSTIGES
....	....	....	....	....

ALLES ZUSAMMEN .... €

Habe ich etwas gekauft, was ich eigentlich nicht brauche?

....

....

....

Woche 32:

MONTAG

DIENSTAG

MITTWOCH

DONNERSTAG

Extra :

FREITAG

....

....

....

....

SAMSTAG UND SONNTAG

....

....

....

....

....

....

....

Insgesamt

ESSEN   KOSMETIK   KLEIDUNGEN   FREIZEIT   SONSTIGES

....

ALLES ZUSAMMEN .... €

Habe ich etwas gekauft, was ich eigentlich nicht brauche?

....

....

....

4-Wochen-Rückblick

	KOSMETIK	ESSEN	KLEIDUNGEN	FREIZEIT	SONSTIGES
1					
2					
3					
4					
INS-GESAMT					

ALLES ZUSAMMEN: ....

ZIEL FÜR DEN NÄCHSTEN MONAT: ....

ABSOLUT WICHTIG:
....

NICHT SO WICHTIG:
....

HÄTTE ICH OHNE AUCH GESCHAFFT:
....

....

	IMMER	OFT	MANCHMAL	SELTEN	NIE
FÜR GUTE QUALITÄT WAR ICH BEREIT MEHR ZU ZAHLEN	○	○	○	○	○
ICH ACHTETE DARAUF, DASS DIE PRODUKTE AUS FAIREM HANDEL (FAIR TRADE) STAMMEN	○	○	○	○	○
BEI NAHRUNGSMITTELN LEGTE ICH WERT AUF PRODUKTE AUS ÖKOLOGISCHEM ANBAU (BIO-PRO-DUKTE)	○	○	○	○	○
ICH WAR BEREIT, FÜR UMWELT-FREUNDLICHE PRODUKTE MEHR ZU ZAHLEN	○	○	○	○	○
ICH ACHTETE BEIM KAUF VON PRODUKTEN AUF IHRE LANGLE-BIGKEIT, ALSO DASS ICH SIE MÖG-LICHST LANGE NUTZEN KANN	○	○	○	○	○

Notizen

....

....

....

....

....

....

....

....

....

Woche 33:

MONTAG

DIENSTAG

MITTWOCH

DONNERSTAG

Extra:

FREITAG

....

....

....

....

SAMSTAG UND SONNTAG

....

....

....

....

....

....

....

Insgesamt

ESSEN	KOSMETIK	KLEIDUNGEN	FREIZEIT	SONSTIGES
....	....	....	....	....

ALLES ZUSAMMEN .... €

Habe ich etwas gekauft, was ich eigentlich nicht brauche?

....

....

....

Woche 34: ....

MONTAG

DIENSTAG

MITTWOCH

DONNERSTAG

Extra: ....

FREITAG

....

....

....

....

SAMSTAG UND SONNTAG

....

....

....

....

....

....

....

Insgesamt

ESSEN	KOSMETIK	KLEIDUNGEN	FREIZEIT	SONSTIGES
....	....	....	....	....

ALLES ZUSAMMEN .... €

Habe ich etwas gekauft, was ich eigentlich nicht brauche?

....

....

....

Woche 35:

MONTAG

DIENSTAG

MITTWOCH

DONNERSTAG

Extra:

FREITAG

....

....

....

....

SAMSTAG UND SONNTAG

....

....

....

....

....

....

....

Insgesamt

ESSEN	KOSMETIK	KLEIDUNGEN	FREIZEIT	SONSTIGES
....	....	....	....	....

ALLES ZUSAMMEN .... €

Habe ich etwas gekauft, was ich eigentlich nicht brauche?

....

....

....

Woche 36:

MONTAG

DIENSTAG

MITTWOCH

DONNERSTAG

Extra:

FREITAG

....

....

....

....

SAMSTAG UND SONNTAG

....

....

....

....

....

....

....

Insgesamt

ESSEN	KOSMETIK	KLEIDUNGEN	FREIZEIT	SONSTIGES
....	....	....	....	....

ALLES ZUSAMMEN .... €

Habe ich etwas gekauft, was ich eigentlich nicht brauche?

....

....

....

4-Wochen-Rückblick

	KOSMETIK	ESSEN	KLEIDUNGEN	FREIZEIT	SONSTIGES
1					
2					
3					
4					
INS-GESAMT					

ALLES ZUSAMMEN: ....

ZIEL FÜR DEN NÄCHSTEN MONAT: ....

ABSOLUT WICHTIG: ....

NICHT SO WICHTIG: ....

HÄTTE ICH OHNE AUCH GESCHAFFT: ....

	IMMER	OFT	MANCHMAL	SELTEN	NIE
FÜR GUTE QUALITÄT WAR ICH BEREIT MEHR ZU ZAHLEN	○	○	○	○	○
ICH ACHTETE DARAUF, DASS DIE PRODUKTE AUS FAIREM HANDEL (FAIR TRADE) STAMMEN	○	○	○	○	○
BEI NAHRUNGSMITTELN LEGTE ICH WERT AUF PRODUKTE AUS ÖKOLOGISCHEM ANBAU (BIO-PRO-DUKTE)	○	○	○	○	○
ICH WAR BEREIT, FÜR UMWELT-FREUNDLICHE PRODUKTE MEHR ZU ZAHLEN	○	○	○	○	○
ICH ACHTETE BEIM KAUF VON PRODUKTEN AUF IHRE LANGLE-BIGKEIT, ALSO DASS ICH SIE MÖG-LICHST LANGE NUTZEN KANN	○	○	○	○	○

Notizen

....

....

....

....

....

....

....

....

Woche 37:

MONTAG

DIENSTAG

MITTWOCH

DONNERSTAG

Extra:

FREITAG

SAMSTAG UND SONNTAG

Insgesamt

ESSEN   KOSMETIK   KLEIDUNGEN   FREIZEIT   SONSTIGES

ALLES ZUSAMMEN   €

Habe ich etwas gekauft, was ich eigentlich nicht brauche?

Woche 38:

MONTAG

DIENSTAG

MITTWOCH

DONNERSTAG

Extra:

FREITAG

....

....

....

....

SAMSTAG UND SONNTAG

....

....

....

....

....

....

....

Insgesamt

ESSEN   KOSMETIK   KLEIDUNGEN   FREIZEIT   SONSTIGES

....

ALLES ZUSAMMEN .... €

Habe ich etwas gekauft, was ich eigentlich nicht brauche?

....

....

....

Woche 39:

MONTAG

DIENSTAG

MITTWOCH

DONNERSTAG

Extra:

FREITAG

....

....

....

....

SAMSTAG UND SONNTAG

....

....

....

....

....

....

Insgesamt

ESSEN	KOSMETIK	KLEIDUNGEN	FREIZEIT	SONSTIGES
....	....	....	....	....

ALLES ZUSAMMEN .... €

Habe ich etwas gekauft, was ich eigentlich nicht brauche?

....

....

....

Woche 40:

MONTAG

DIENSTAG

MITTWOCH

DONNERSTAG

Extra:

FREITAG

SAMSTAG UND SONNTAG

Insgesamt

ESSEN	KOSMETIK	KLEIDUNGEN	FREIZEIT	SONSTIGES

ALLES ZUSAMMEN .... €

Habe ich etwas gekauft, was ich eigentlich nicht brauche?

4-Wochen-Rückblick

	KOSMETIK	ESSEN	KLEIDUNGEN	FREIZEIT	SONSTIGES
1					
2					
3					
4					
INS-GESAMT					

ALLES ZUSAMMEN: ....

ZIEL FÜR DEN NÄCHSTEN MONAT: ....

ABSOLUT WICHTIG:
....

NICHT SO WICHTIG:
....

HÄTTE ICH OHNE AUCH GESCHAFFT:
....

....

	IMMER	OFT	MANCHMAL	SELTEN	NIE
FÜR GUTE QUALITÄT WAR ICH BEREIT MEHR ZU ZAHLEN	◯	◯	◯	◯	◯
ICH ACHTETE DARAUF, DASS DIE PRODUKTE AUS FAIREM HANDEL (FAIR TRADE) STAMMEN	◯	◯	◯	◯	◯
BEI NAHRUNGSMITTELN LEGTE ICH WERT AUF PRODUKTE AUS ÖKOLOGISCHEM ANBAU (BIO-PRO-DUKTE)	◯	◯	◯	◯	◯
ICH WAR BEREIT, FÜR UMWELT-FREUNDLICHE PRODUKTE MEHR ZU ZAHLEN	◯	◯	◯	◯	◯
ICH ACHTETE BEIM KAUF VON PRODUKTEN AUF IHRE LANGLE-BIGKEIT, ALSO DASS ICH SIE MÖG-LICHST LANGE NUTZEN KANN	◯	◯	◯	◯	◯

Notizen

Woche 41:

MONTAG

DIENSTAG

MITTWOCH

DONNERSTAG

Extra:

FREITAG

....

....

....

....

SAMSTAG UND SONNTAG

....

....

....

....

....

....

....

Insgesamt

ESSEN   KOSMETIK   KLEIDUNGEN   FREIZEIT   SONSTIGES

....

ALLES ZUSAMMEN .... €

Habe ich etwas gekauft, was ich eigentlich nicht brauche?

....

....

....

Woche 42:

MONTAG

DIENSTAG

MITTWOCH

DONNERSTAG

Extra:

FREITAG

....

....

....

....

SAMSTAG UND SONNTAG

....

....

....

....

....

....

....

Insgesamt

ESSEN	KOSMETIK	KLEIDUNGEN	FREIZEIT	SONSTIGES
....	....	....	....	....

ALLES ZUSAMMEN .... €

Habe ich etwas gekauft, was ich eigentlich nicht brauche?

....

....

....

Woche 43: ....

MONTAG

....
....
....
....

DIENSTAG

....
....
....
....

MITTWOCH

....
....
....
....

DONNERSTAG

....
....
....

Extra: ....

FREITAG

....

....

....

....

SAMSTAG UND SONNTAG

....

....

....

....

....

....

....

Insgesamt

ESSEN	KOSMETIK	KLEIDUNGEN	FREIZEIT	SONSTIGES
....	....	....	....	....

ALLES ZUSAMMEN .... €

Habe ich etwas gekauft, was ich eigentlich nicht brauche?

....

....

....

Woche 44:

MONTAG

....

....

....

....

DIENSTAG

....

....

....

....

MITTWOCH

....

....

....

....

DONNERSTAG

....

....

....

Extra:

FREITAG

....

....

....

....

SAMSTAG UND SONNTAG

....

....

....

....

....

....

Insgesamt

ESSEN   KOSMETIK   KLEIDUNGEN   FREIZEIT   SONSTIGES

....

ALLES ZUSAMMEN .... €

Habe ich etwas gekauft, was ich eigentlich nicht brauche?

....

....

....

4-Wochen-Rückblick

	KOSMETIK	ESSEN	KLEIDUNGEN	FREIZEIT	SONSTIGES
1					
2					
3					
4					
INS-GESAMT					

ALLES ZUSAMMEN: ....

ZIEL FÜR DEN NÄCHSTEN MONAT: ....

ABSOLUT WICHTIG:
....

NICHT SO WICHTIG:
....

HÄTTE ICH OHNE AUCH GESCHAFFT:
....

....

	IMMER	OFT	MANCHMAL	SELTEN	NIE
FÜR GUTE QUALITÄT WAR ICH BEREIT MEHR ZU ZAHLEN	○	○	○	○	○
ICH ACHTETE DARAUF, DASS DIE PRODUKTE AUS FAIREM HANDEL (FAIR TRADE) STAMMEN	○	○	○	○	○
BEI NAHRUNGSMITTELN LEGTE ICH WERT AUF PRODUKTE AUS ÖKOLOGISCHEM ANBAU (BIO-PRODUKTE)	○	○	○	○	○
ICH WAR BEREIT, FÜR UMWELTFREUNDLICHE PRODUKTE MEHR ZU ZAHLEN	○	○	○	○	○
ICH ACHTETE BEIM KAUF VON PRODUKTEN AUF IHRE LANGLEBIGKEIT, ALSO DASS ICH SIE MÖGLICHST LANGE NUTZEN KANN	○	○	○	○	○

Notizen

....

....

....

....

....

....

....

....

Woche 45:

MONTAG

DIENSTAG

MITTWOCH

DONNERSTAG

Extra:

FREITAG

....

SAMSTAG UND SONNTAG

....

Insgesamt

ESSEN   KOSMETIK   KLEIDUNGEN   FREIZEIT   SONSTIGES

....

ALLES ZUSAMMEN .... €

Habe ich etwas gekauft, was ich eigentlich nicht brauche?

....

Woche 46:

MONTAG

DIENSTAG

MITTWOCH

DONNERSTAG

Extra:

FREITAG

....

....

....

....

SAMSTAG UND SONNTAG

....

....

....

....

....

....

....

Insgesamt

ESSEN   KOSMETIK   KLEIDUNGEN   FREIZEIT   SONSTIGES

....

ALLES ZUSAMMEN .... €

Habe ich etwas gekauft, was ich eigentlich nicht brauche?

....

....

....

Woche 47:

MONTAG

DIENSTAG

MITTWOCH

DONNERSTAG

Extra:

FREITAG

....

....

....

....

SAMSTAG UND SONNTAG

....

....

....

....

....

....

....

Insgesamt

ESSEN	KOSMETIK	KLEIDUNGEN	FREIZEIT	SONSTIGES
....	....	....	....	....

ALLES ZUSAMMEN .... €

Habe ich etwas gekauft, was ich eigentlich nicht brauche?

....

....

....

Woche 48:

MONTAG

DIENSTAG

MITTWOCH

DONNERSTAG

Extra:

FREITAG

....

....

....

....

SAMSTAG UND SONNTAG

....

....

....

....

....

....

....

Insgesamt

ESSEN	KOSMETIK	KLEIDUNGEN	FREIZEIT	SONSTIGES
....	....	....	....	....

ALLES ZUSAMMEN .... €

Habe ich etwas gekauft, was ich eigentlich nicht brauche?

....

....

....

4-Wochen-Rückblick

	KOSMETIK	ESSEN	KLEIDUNGEN	FREIZEIT	SONSTIGES
1					
2					
3					
4					
INS-GESAMT					

ALLES ZUSAMMEN: ....

ZIEL FÜR DEN NÄCHSTEN MONAT: ....

ABSOLUT WICHTIG:
....

NICHT SO WICHTIG:
....

HÄTTE ICH OHNE AUCH GESCHAFFT:
....

....

	IMMER	OFT	MANCHMAL	SELTEN	NIE
FÜR GUTE QUALITÄT WAR ICH BEREIT MEHR ZU ZAHLEN	○	○	○	○	○
ICH ACHTETE DARAUF, DASS DIE PRODUKTE AUS FAIREM HANDEL (FAIR TRADE) STAMMEN	○	○	○	○	○
BEI NAHRUNGSMITTELN LEGTE ICH WERT AUF PRODUKTE AUS ÖKOLOGISCHEM ANBAU (BIO-PRO-DUKTE)	○	○	○	○	○
ICH WAR BEREIT, FÜR UMWELT-FREUNDLICHE PRODUKTE MEHR ZU ZAHLEN	○	○	○	○	○
ICH ACHTETE BEIM KAUF VON PRODUKTEN AUF IHRE LANGLE-BIGKEIT, ALSO DASS ICH SIE MÖG-LICHST LANGE NUTZEN KANN	○	○	○	○	○

Notizen

....

....

....

....

....

....

....

....

Woche 49:

MONTAG

DIENSTAG

MITTWOCH

DONNERSTAG

Extra:

FREITAG

....

....

....

....

SAMSTAG UND SONNTAG

....

....

....

....

....

....

Insgesamt

ESSEN   KOSMETIK   KLEIDUNGEN   FREIZEIT   SONSTIGES

....

ALLES ZUSAMMEN .... €

Habe ich etwas gekauft, was ich eigentlich nicht brauche?

....

....

....

Woche 50:

MONTAG

DIENSTAG

MITTWOCH

DONNERSTAG

Extra:

FREITAG

....

....

....

....

SAMSTAG UND SONNTAG

....

....

....

....

....

....

....

Insgesamt

ESSEN	KOSMETIK	KLEIDUNGEN	FREIZEIT	SONSTIGES
....	....	....	....	....

ALLES ZUSAMMEN .... €

Habe ich etwas gekauft, was ich eigentlich nicht brauche?

....

....

....

Woche 51:

MONTAG

DIENSTAG

MITTWOCH

DONNERSTAG

Extra:

FREITAG

....

....

....

....

SAMSTAG UND SONNTAG

....

....

....

....

....

....

....

Insgesamt

ESSEN	KOSMETIK	KLEIDUNGEN	FREIZEIT	SONSTIGES
....	....	....	....	....

ALLES ZUSAMMEN .... €

Habe ich etwas gekauft, was ich eigentlich nicht brauche?

....

....

....

Woche 52: ......

MONTAG

....
....
....
....

DIENSTAG

....
....
....
....

MITTWOCH

....
....
....
....

DONNERSTAG

....
....
....

Extra: ......

FREITAG

....

....

....

....

SAMSTAG UND SONNTAG

....

....

....

....

....

....

....

Insgesamt

ESSEN	KOSMETIK	KLEIDUNGEN	FREIZEIT	SONSTIGES
....	....	....	....	....

ALLES ZUSAMMEN .... €

Habe ich etwas gekauft, was ich eigentlich nicht brauche?

....

....

....

4-Wochen-Rückblick

	KOSMETIK	ESSEN	KLEIDUNGEN	FREIZEIT	SONSTIGES
1					
2					
3					
4					
INS-GESAMT					

ALLES ZUSAMMEN: ....

ZIEL FÜR DEN NÄCHSTEN MONAT: ....

ABSOLUT WICHTIG: ....

....

NICHT SO WICHTIG: ....

....

HÄTTE ICH OHNE AUCH GESCHAFFT: ....

....

....

	IMMER	OFT	MANCHMAL	SELTEN	NIE
FÜR GUTE QUALITÄT WAR ICH BEREIT MEHR ZU ZAHLEN	○	○	○	○	○
ICH ACHTETE DARAUF, DASS DIE PRODUKTE AUS FAIREM HANDEL (FAIR TRADE) STAMMEN	○	○	○	○	○
BEI NAHRUNGSMITTELN LEGTE ICH WERT AUF PRODUKTE AUS ÖKOLOGISCHEM ANBAU (BIO-PRO-DUKTE)	○	○	○	○	○
ICH WAR BEREIT, FÜR UMWELT-FREUNDLICHE PRODUKTE MEHR ZU ZAHLEN	○	○	○	○	○
ICH ACHTETE BEIM KAUF VON PRODUKTEN AUF IHRE LANGLE-BIGKEIT, ALSO DASS ICH SIE MÖG-LICHST LANGE NUTZEN KANN	○	○	○	○	○

Notizen

....

....

....

....

....

....

....

....

Wer gerne Tabellen mag...

	KOSMETIK	ESSEN	KLEIDUNGEN	FREIZEIT	SONSTIGES
1					
2					
3					
4					
5					
6					
7					
8					
9					
10					
11					
12					
DAS GANZE JAHR					

Notizen, Gedanken, Wünsche, Ziele...

IMPRESSUM:
Published by:
stefan.niedermuehlbichler@gmx.at
Niedermühlbichler Stefan
Mariahilfstraße 1
6020 Innsbruck
Austria